M. HIRMER / G. STUCKERT

Das
lustiger lernen

Copyright: pb-verlag • 82178 Puchheim • 1998

ISBN 3-89291-075-8

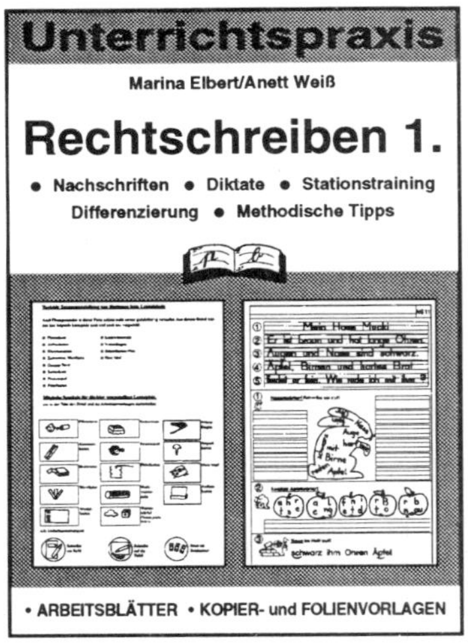
Unterrichtspraxis
Marina Elbert/Anett Weiß
Rechtschreiben 1.
• Nachschriften • Diktate • Stationstraining
Differenzierung • Methodische Tipps
• ARBEITSBLÄTTER • KOPIER- und FOLIENVORLAGEN

Inhaltsübersicht:

1. Allgemeine Einführung für die Arbeit mit Merkwörtern und Nachschriften
2. Aktuelle Unterrichtsformen zur Übung von Merkwörtern (Stationsbetrieb oder Lernzirkel)
3. Die Seite mit den Knülpen
Ideenseiten - Nachschriften - Merkwörter der 1. Jahrgangsstufe
1.Ostern - Querverbindung HSK „Feste und Bräuche" - Ideenseite: Aufteilung der Übungsmöglichkeiten in einer Woche
- Lernspiele: Flüsterkiste - Nachschrift - Einführung (11 Wörter) - Nachschrift - Text und Übung
2. Peter halt an! - Querverbindung HSK „Verkehrserziehung" - Ideenseite: Ausgangssituationen - Lernspiele: Klammerkarten - Nachschrift - Einführung (15 Wörter) - Nachschrift - Text und Übung
=> Merkwörterseite mit Kontrollblatt und möglichem Diktat „ Wer findet den Hasen „ (18 Wörter)
3. Zehn Autos - Querverbindung HSK „Verkehrserziehung" - Ideenseite: Ausgangssituationen - Lernspiele: Ziehwörter und Wortfächer - Nachschrift - Einführung (18 Wörter) - Nachschrift - Text und Übung
4. Meine Mutter - Querverbindung HSK: Feste und Bräuche - Ideenseite: Akustische Erfassung von Merkwörtern - Lernspiele: Gummi - Twist - Nachschrift - Einführung (22 Wörter) - Nachschrift - Text und Übung
5. Was macht - Querverbindung HSK: Feste und Bräuche /Bedeutung d. Familie meine Mutter? - Ideenseite: Abwechslungsreiches Erlesen von Nachschriftentexten
- Lernspiele: Sortierkiste - Nachschrift - Einführung (23 Wörter) - Nachschrift - Text und Übung
=> Merkwörterseite mit Kontrollblatt und möglichem Diktat „ Ein großes Auto hält an der Wiese „ (25 Wörter)
6. Auf der Wiese - Querverbindung HSK „Vielfältiges Leben auf der Wiese"
- Ideenseite: Grobmotorische Erfassung von Merkwörtern
- Lernspiele: Piratenspiel - Nachschrift - Einführung (26 Wörter) - Nachschrift - Text und Übung
7. Wiese und Tiere - Querverbindung HSK „Vielfältiges Leben auf der Wiese"
- Ideenseite: Isolierung von Merkwörtern - Lernspiele: Fädelkarten - Nachschrift - Einführung (28 Wörter) - Nachschrift - Text und Übung
=> Merkwörterseite mit Kontrollblatt und möglichem Diktat „ Tiere auf der Wiese" (21 Wörter)
8. Im Wald - Querverbindung HSK „Umgang mit Feuer" Belehrung/Mai „Brandgefährdung der Wälder"
- Ideenseite: Kurze Übungsphasen - Lernspiele: Merkwörterrolle - Nachschrift - Einführung (25 Wörter)
- Nachschrift - Text und Übung
9 Peter ha' eine Uhr - Querverbindung HSK: „Kenntnis der Uhr"
- Ideenseite: Suchrätsel - Lernspiele: Wörterfangen/ Stöpselkarten - Nachschrift - Einführung (33 Wörter)
- Nachschrift - Text und Übung
10. Der Zug ist weg - Querverbindung HSK: „Kenntnis der Uhr/Pünktlichkeit"
- Ideenseite: Übungen mit Bewegung im Raum - Nachschrift - Einführung (24 Wörter) - Nachschrift - Text und Übung
=> Merkwörterseite mit Kontrollblatt und möglichem Diktat „Mutter im Zug" (25 Wörter)
11. Mein Hase Mucki - Querverbindung HSK: „Haltung eines Kleintieres" Ideenseite: Differenzierungsmöglichkeiten Lernspiele: Hase hüpf - Nachschrift - Einführung (28 Wörter) - Nachschrift - Text und Übung
12. Aus dem neuen Buch- Deutsch /Erstlesen „Freude am Lesen" Querverbindung Deutsch/Weiterführendes Lesen „Kinder und Jugendliteratur kennenlernen"
- Ideenseite: Förderung der Zusammenarbeit der Gehirnhemisphären - Nachschrift - Einführung (26 Wörter) - Nachschrift - Text und Übung
=> Merkwörterseite mit Kontrollblatt und möglichem Diktat „Wo sind wir?" (23 Wörter)

Rechtschreiben 1

Nr. 892 *84* **Seiten DM 25,80**

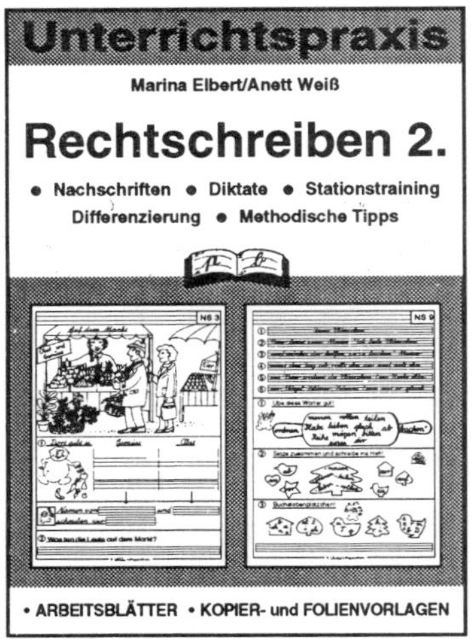
Unterrichtspraxis
Marina Elbert/Anett Weiß
Rechtschreiben 2.
• Nachschriften • Diktate • Stationstraining
Differenzierung • Methodische Tipps
• ARBEITSBLÄTTER • KOPIER- und FOLIENVORLAGEN

Inhaltsübersicht:

Rechtschreiben 2.
Nachschriften • Diktate • Wortschatzseiten
• Stationstraining • Differenzierung • Methodische Tipps
Einführung
1. Lösungsblatt für die Merksätze auf den Einführungsseiten
2. Wichtige Hinweise zur Handhabung des vorliegenden Arbeitsheftes
3. Individuelle Seite für den Rechtschreiberfolg: „Wie hoch kannst du den Rechtschreibberg besteigen?" Unterstützung für geordnete Gruppenarbeit: „Der Flüsterpass"
4.Die Seite mit den Knülpen
Nachschriften - Lernwörter der 2. Jahrgangsstufe - Anwendungsbeispiele - Diktate
1. Nachschrift: Ein neues Schuljahr (27 Wörter)
2. Nachschrift: Auf dem Schulweg (31 Wörter)
3. Nachschrift: Auf dem Markt (32 Wörter)
4. Nachschrift: Am Abend (31 Wörter)
Lernwörter für die Nachschriften 1-4 (Wiederholung vor Diktat)
Ordnungssymbole für die Lernwörter der Nachschriften 1-4 Einsatzmöglichkeiten der Lernwörterseiten für Gruppenarbeit
Diktat: „Im neuen Schuljahr" (40 Wörter)
5. Nachschrift: Kennst du ihn? (41 Wörter)
6. Nachschrift: Im November (35 Wörter)
7. Nachschrift: Wir raten (35 Wörter)
8. Nachschrift: Nikolaus (39 Wörter)
9. Nachschrift: Feine Plätzchen (42 Wörter)
Lernwörter für die Nachschriften 5-8 (Wiederholung vor Diktat)
Ordnungssymbole für die Lernwörter der Nachschriften 5-8, Lernwörter für die 9. Nachschrift (Wiederholung vor Diktat), Ordnungssymbole für die Lernwörter der Nachschrift 9, Lernwörter für die Nachschrift 9, Einsatzmöglichkeiten der Lernwörterseiten für alle Schüler Diktat: „Wir freuen uns auf den Dezember" (41 Wörter)
10. Nachschrift: Von der Zeit (40 Wörter) 11. Nachschrift: Evi antwortet (41 Wörter) 12. Nachschrift: Die Wochentage (39 Wörter)
13. Nachschrift: Rate, rate, was ist das?" (43 Wörter) Lernwörter für die Nachschriften 10-13 mit Symbolen (Wiederholung vor Diktat) Einsatzmöglichkeiten der Lernwörterseiten im Stationstraining oder in Lernzirkeln Diktat: „Was weißt du von der Zeit"? (39 Wörter) 14. Nachschrift: „So ein Glück" (43 Wörter)
15. Nachschrift: Ein sicherer Schulweg? (40 Wörter)
16. Nachschrift: Im Fasching (39 Wörter) 17. Nachschrift: Die neue Wohnung (41 Wörter) Merkwörter für die Nachschriften 14-17 (Wiederholung vor Diktat) Ordnungssymbole für die Lernwörter Würfelspiel „Zauberschloss" Diktat „Ein dankbarer Nachbar" (45 Wörter) 18. Nachschrift: Mein Haustier (41 Wörter) 19. Nachschrift: Kinder stellen Fragen (36 Wörter) 20. Nachschrift: Wir ziehen Ableger (44 Wörter) 21. Nachschrift: Muttertag (40 Wörter) Lernwörter für die Nachschriften 18-21 (Wiederholung vor Diktat) Ordnungssymbole für die Lernwörter
Stationstraining mit 4 mal 2 analogen Beispielen (32 Schüler) Diktat: „Im Mai" (47 Wörter)
22. Nachschrift: Wohin wird er reisen? (45 Wörter) 23. Nachschrift: Evi in Not (43 Wörter) 24. Nachschrift: Ein Regentag (40 Wörter) 25. Nachschrift: Spielfest (44 Wörter) Merkwörter für die Nachschriften 22-25 (Wiederholung vor Diktat) Ordnungssymbole für die Lernwörter der Nachschriften 22-25 Stationstraining mit acht Beispielen (32 Schüler)
Diktat: „Ein seltener Ausflug" (47 Wörter)

Rechtschreiben 2

Nr. 893 *88* **Seiten DM 26,80**

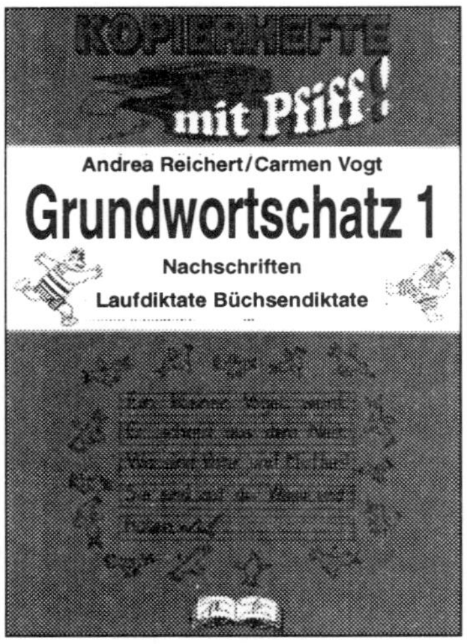
KOPIERHEFTE
mit Pfiff!
Andrea Reichert/Carmen Vogt
Grundwortschatz 1
Nachschriften
Laufdiktate Büchsendiktate

Inhaltsübersicht:

1. Ostern
- Querverbindung HSK: „Feste und Bräuche"
- Ideenseite: Aufteilung der Übungsmöglichkeiten in einer Woche
- Lernspiel: Flüsterkiste
- Nachschrift - Einführung (11 Wörter)
- Nachschrift - Text und Übung
2. Peter halt an!
- Querverbindung HSK: „Verkehrserziehung"
- Ideenseite: Ausgangssituationen
- Lernspiel: Klammerkarten
- Nachschrift - Einführung (15 Wörter)
- Nachschrift - Text und Übung
=> Merkwörterseite mit Kontrollblatt und möglichem Diktat
„Wer findet den Hasen" (18 Wörter)
3. Zehn Autos
- Querverbindung HSK: „Verkehrserziehung"
- Ideenseite: Ausgangssituation
- Lernspiel: Ziehwörter und Wortfächer
- Nachschrift - Einführung (18 Wörter)
- Nachschrift - Text und Übung
4. Meine Mutter
- Querverbindung HSK: „Feste und Bräuche"
- Ideenseite: Akustische Erfassung von Merkwörtern
- Lernspiel: Gummi-Twist
- Nachschrift - Einführung (22 Wörter)
- Nachschrift - Text und Übung
5. Was macht meine Mutter?
- Querverbindung HSK: „Feste und Bräuche/ Bedeutung der Familie"
- Ideenseite: Abwechslungsreiches Erlesen von Nachschriftentexten
- Lernspiel: Sortierkiste
- Nachschrift - Einführung (23 Wörter)
- Nachschrift - Text und Übung
=> Merkwörterseite mit Kontrollblatt und möglichem Diktat
„Ein großes Auto hält an der Wiese" (25 Wörter)
6. Auf der Wiese
- Querverbindung HSK: „Vielfältiges Leben auf der Wiese"
- Ideenseite: Grobmotorische Erfassung von Merkwörtern
- Lernspiel: Piratenspiel
- Nachschrift - Einführung (26 Wörter)
- Nachschrift - Text und Übung
7. Wiese und Tiere
- Querverbindung HSK: „Vielfältiges Leben auf der Wiese"
- Ideenseite: Isolierung von Merkwörtern
- Lernspiel: Fädelkarten
- Nachschrift - Einführung (28 Wörter)
- Nachschrift - Text und Übung
=> Merkwörterseite mit Kontrollblatt und möglichem Diktat
„Tiere auf der Wiese" (21 Wörter)
8. Im Wald
- Querverbindung HSK: „Umgang mit Feuer" Belehrung (Mai): „Brandgefährdung der Wälder"
- Ideenseite: Kurze Übungsphasen
- Lernspiel: Merkwörterrolle
- Nachschrift - Einführung (25 Wörter)
- Nachschrift - Text und Übung
9. Peter hat eine Uhr
- Querverbindung HSK: „Kenntnis der Uhr"
- Ideenseite: Suchrätsel
- Lernspiel: Wörterfangen/Stöpselkarten
- Nachschrift - Einführung (33 Wörter)
- Nachschrift - Text und Übung
10. Der Zug ist weg
- Querverbindung HSK: „Kenntnis der Uhr/ Pünktlichkeit"
- Ideenseite: Übungen mit Bewegung im Raum
- Nachschrift - Einführung (24 Wörter)
- Nachschrift - Text und Übung
=> Merkwörterseite mit Kontrollblatt und möglichem Diktat
„Mutter im Zug" (25 Wörter)
11. Mein Hase Mucki
- Querverbindung HSK: „Haltung eines Kleintieres"
- Ideenseite: Differenzierungsmöglichkeiten
- Lernspiel: Hase hüpf
- Nachschrift - Einführung (28 Wörter)
- Nachschrift - Text und Übung
12. Aus dem neuen Buch
- Deutsch/Erstlesen: „Freude am Lesen"
- Querverbindung Deutsch/Weiterführendes Lesen: „Kinder- und Jugendliteratur kennen lernen"
- Ideenseite: Förderung der Zusammenarbeit der Gehirnhemisphären
- Nachschrift - Einführung (26 Wörter)
- Nachschrift - Text und Übung

=> Merkwörterseite mit Kontrollblatt und möglichem Diktat
„Wo sind wir" (23 Wörter)

Grundwortschatz 1

Nr. 787 *80* **Seiten DM 25,80**

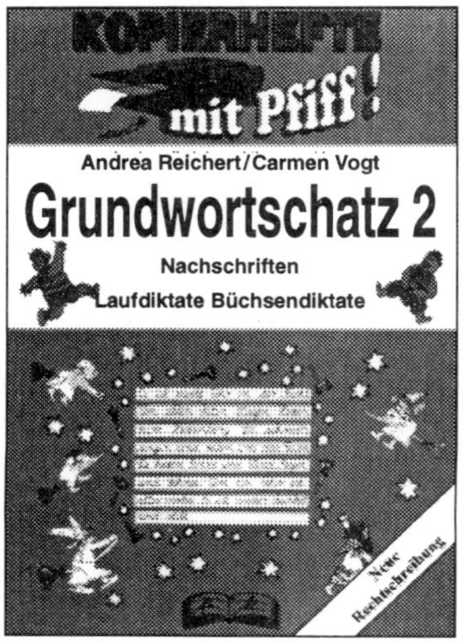
KOPIERHEFTE
mit Pfiff!
Andrea Reichert/Carmen Vogt
Grundwortschatz 2
Nachschriften
Laufdiktate Büchsendiktate
Neue Rechtschreibung

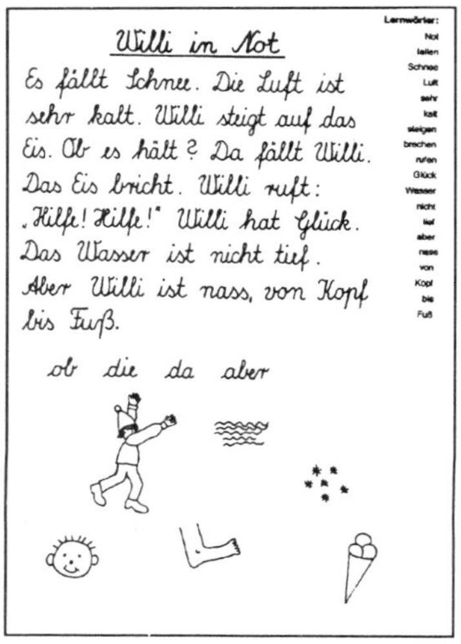
Willi in Not
Es fällt Schnee. Die Luft ist sehr kalt. Willi steigt auf das Eis. Ob es hält? Da fällt Willi. Das Eis bricht. Willi ruft: „Hilfe! Hilfe!" Willi hat Glück. Das Wasser ist nicht tief. Aber Willi ist nass, von Kopf bis Fuß.
ob die da aber
Lernwörter:
Not
fallen
Schnee
Luft
sehr
kalt
steigen
brechen
rufen
Glück
Wasser
nicht
tief
aber
nass
von
Kopf
bis
Fuß

Inhaltsübersicht:

Anleitung zum spielerischem Einüben des Grundwortschatzes
Lauf- und Büchsendiktate
Folienspiele: Satzsuche - Wörterfoto - Wörterdetektiv - Bilderrätsel
Spielvorlage: Wörterrennen

Nachschriften
Wir sind nun in der 2. Klasse - Ein kleiner Igel - Auf dem Markt - Willi in Not - Puppenstunde - Kasperl übt die Monate - Pumuckl lernt die Uhr - Peters Fest - Tini wünscht sich ein Haustier - Max und Moritz - Am Hexenberg - Wir spielen mit Wasser - Notruf 19 222 - Brief aus Italien - Der Hase und der Igel

Kopiervorlagen

Meine Lernwörter
Quellenangaben
Mit diesem Arbeitsheft haben Sie eine komplette Handreichung zur Erarbeitung des Grundwortschatzes in der 2. Jahrgangsstufe. Kein weiteres Material ist mehr nötig!

Grundwortschatz 2

Nr. 788 *104* **Seiten DM 28,80**

Vorwort

Die **KOPIERHEFTE mit PFIFF** stellen neben den bewährten Reihen "**STUNDENBILDER...**" und **UNTERRICHTSPRAXIS** eine weitere effektive Hilfe zur Unterrichtsvorbereitung dar.

Ziel dieser Vorlagen ist es, Sie bei Ihrer täglichen Unterrichtsarbeit zu unterstützen.

- Mit dem vorliegenden Band haben Sie ein Werk erstanden, das Ihnen zahllose **Bilder** und **Bildergeschichten** bietet.

  Diese können Sie einsetzen
  - als Lösungshilfen
  - als Bildimpulse zum Einstieg / zur Übung
  - zur Veranschaulichung von Buchstaben und Wörtern
  - als Gestaltungsübung (Genaues/ gezieltes Bemalen)

- Wir wollten Ihnen das **gesamte** Alphabet anbieten. Dazu mußten wir gelegentlich (C, J, Q, T, X, Y) Grundwörter aus dem 2. Jahrgang verwenden.

- Vor allem durch den Einsatz der Umrißschrift üben die Schüler intensiv die Schriftform und schleifen damit die entsprechenden **Bewegungsabläufe** ein. Daneben schreiben sie in Leerzeilen, entdecken den gelernten Buchstaben in verzierter Form (Tiere, Kinder) und sehen und schreiben ihn in der Anwendung (Grundwörter) .

  In einem weiteren Band werden wir die **spielerische Komponente** des Erstschreibens durch viele Bilder, Rätsel usw. noch intensivieren.

Mit dem 1. Band wünschen wir Ihnen viel Erfolg !

Ihr

Verlag

Das Schema dieses Heftes

Jeden Buchstaben üben wir auf jeweils vier Seiten:

1. Seite

Die erste Seite besteht jeweils aus einem großen Bild, auf dem gehäuft Wörter mit dem jeweiligen Übungsbuchstaben vorkommen. Zur Unterscheidung enthält das Bild auch Wörter **ohne** den betreffenden Buchstaben.

Im Beispiel:
Mit k: **k**ran**k**, **K**atze, **K**uh, **K**lee, **K**asperl, **K**önig
Ohne k: Bett, Bär, Bücher, Löffel, Pantoffel ....

Die Kinder können die gesuchten Gegenstände benennen, bemalen....

2. Seite

oben:

Der Buchstabe wird dargestellt durch Tiere und durch Kinder.
Zum Bemalen, Verzieren, Nachstellen....

unten:

Umrißbuchstabe (groß und klein) in zwei verschiedenen Größen; eine Leerzeile.
Zum Nachspuren und Schreiben

3. Seite

Gezeichnet sind jeweils zwei Tiere, die den Übungsbuchstaben in ihren Namen haben.

oben: Großbuchstabe (**K**atze)
unten: Kleinbuchstabe (Schild**k**röte)

Jedes Tier trägt eine Auswahl von Umrißbuchstaben, oben groß, unten klein.

Die Schüler sollen jeweils den Übungsbuchstaben herausfinden und ihn nachfahren.

4. Seite

5 Wörter aus dem Grundwortschatz sind hier gezeichnet.
Jeweils daneben: Das betreffende Wort in Umrißbuchstaben und eine Leerzeile.

Die Wörter werden nachgespurt und nachgeschrieben.

A a

A a A a A

A a A a A a A a A a A

A a

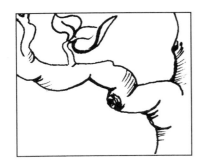

Ast Ast Ast Ast Ast

Ast

Apfel Apfel Apfel

Apfel

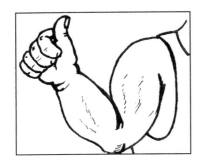

Arm Arm Arm Arm

Arm

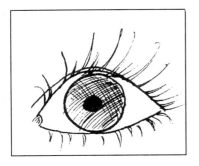

Auge Auge Auge

Auge

Auto Auto Auto Auto

Auto

B b

B b B b B

B b B b B b B b B

B b

B

b

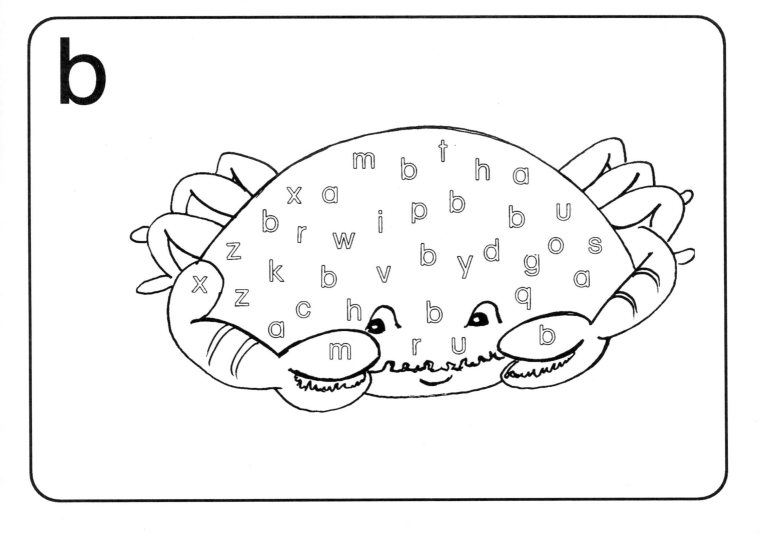

Ball Ball Ball Ball
Ball

Baum Baum Baum
Baum

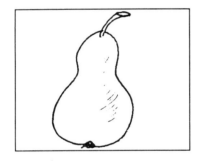

Birne Birne Birne
Birne

Blume Blume Blume
Blume

Brot Brot Brot Brot
Brot

C c

C c C c C

C c C c C c C c C

C c

Bach Bach Bach
Bach

Clown Clown Clown
Clown

Buch Buch Buch
Buch

Fuchs Fuchs Fuchs
Fuchs

Licht Licht Licht
Licht

D d

D d D d D

D d D d D d D d D

D a

Dorf Dorf Dorf Dorf
Dorf

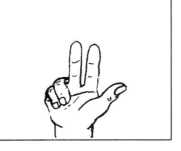
drei drei drei drei
drei

dunkel dunkel
dunkel

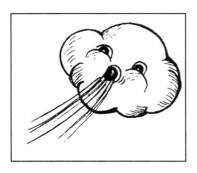
Wind Wind Wind
Wind

Bild Bild Bild Bild
Bild

E e

E e E e E

E e E e E e E e E

E e

Ente Ente Ente
Ente

Erde Erde Erde
Erde

Ende Ende Ende
Ende

eins eins eins eins
eins

essen essen essen
essen

F f F f F

F f F f F f F

F a

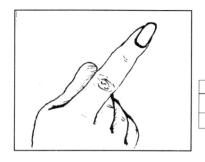
Finger Finger Finger
Finger

fünf fünf fünf fünf
fünf

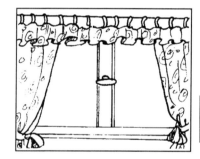
Fenster Fenster
Fenster

Feuer Feuer Feuer
Feuer

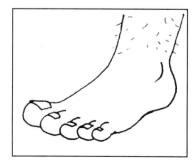
Fuß Fuß Fuß Fuß
Fuß

G g

G g G g G

G g G g G g G g G

G g

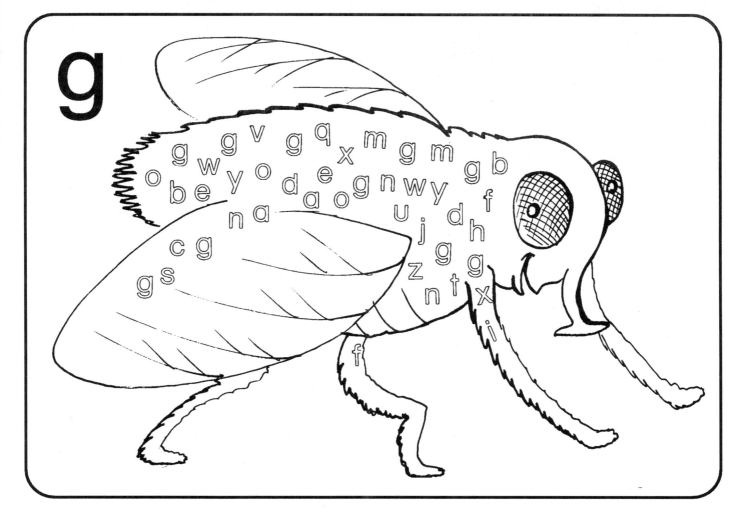

Gras Gras Gras
Gras

gelb gelb gelb gelb
gelb

Glück Glück Glück
Glück

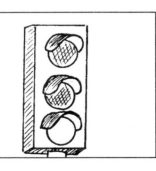
grün grün grün grün
grün

Geist Geist Geist
Geist

H h

H h

H h H h H

H h H h H h H h H h H

H h

H

h

Haus Haus Haus
Haus

Hase Hase Hase
Hase

Hund Hund Hund
Hund

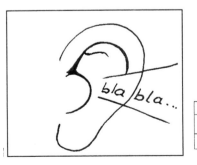
hören hören hören
hören

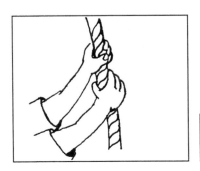
halten halten halten
halten

J j

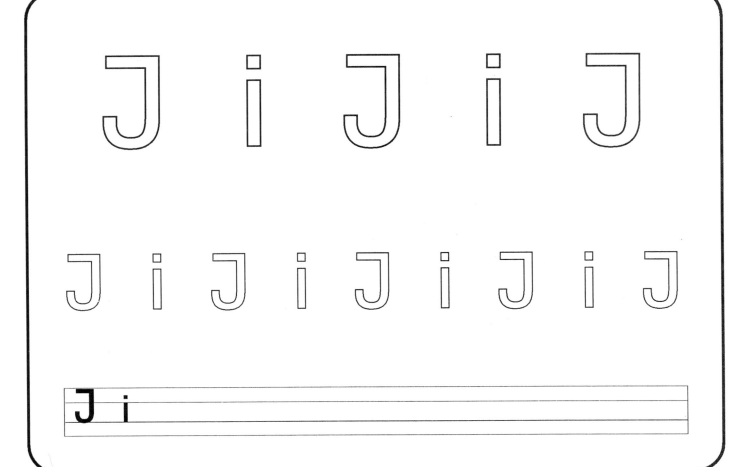

Jgel Jgel Jgel Jgel

Jgel

innen innen innen

innen

ich ich ich ich ich

ich

Brief Brief Brief Brief

Brief

Susi Susi Susi Susi

Susi

J j

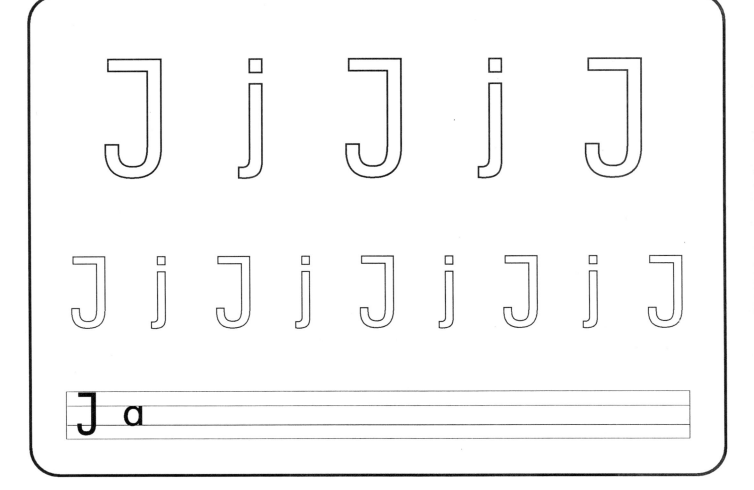

J a

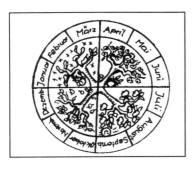
Jahr Jahr Jahr Jahr
Jahr

Januar Januar
Januar

Juli Juli Juli Juli
Juli

Josef Josef Josef
Josef

ja ja ja ja ja ja ja
ja

K k

K k K k K

K k K k K k K k K

K k

K

k

Katze Katze Katze
Katze

Kind Kind Kind Kind
Kind

Kuh Kuh Kuh Kuh
Kuh

König König König
König

klein klein klein
Klein

L l

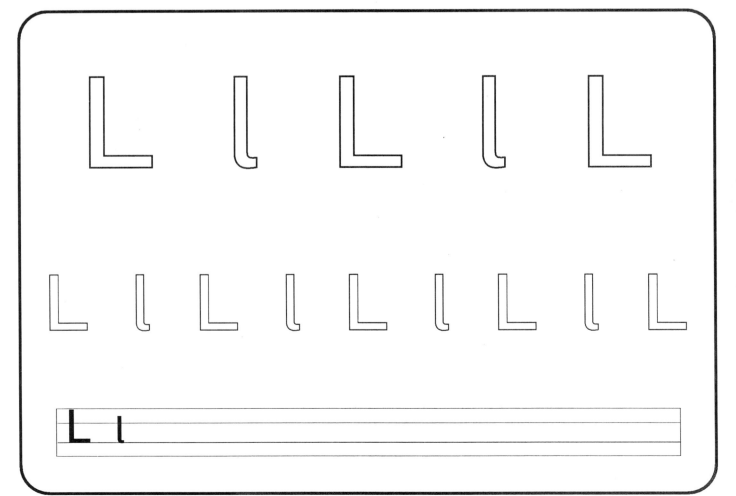

lang lang lang lang

lang

lachen lachen

lachen

laufen laufen laufen

laufen

lesen lesen lesen

lesen

Luft Luft Luft Luft

Luft

M m

M m M m

M m M m M m M

M m

M

m

Maus Maus Maus
Maus

Mutter Mutter Mutter
Mutter

Messer Messer
Messer

Müll Müll Müll Müll
Müll

mögen mögen
mögen

N n

N n N n N

N n N n N n N n N

N n

N

n

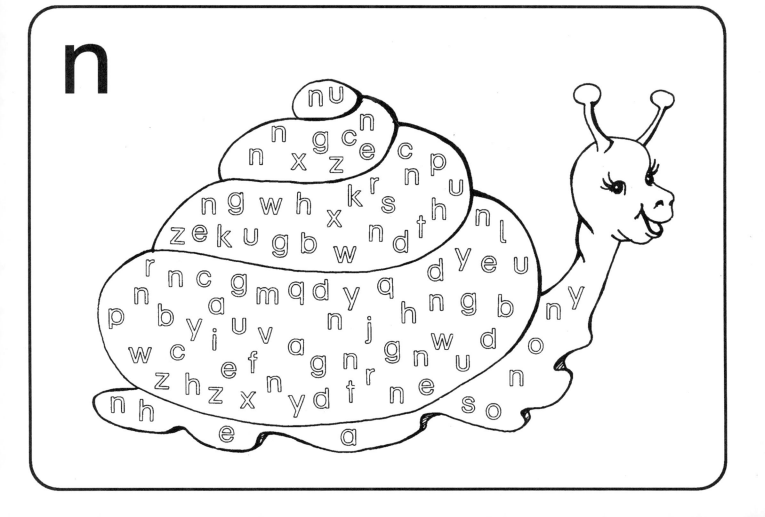

Nase Nase Nase
Nase

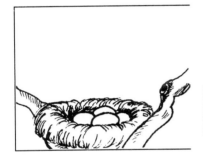
Nest Nest Nest Nest
Nest

November November
November

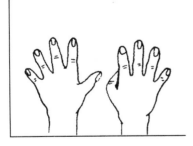
neun neun neun
neun

nass nass nass nass
nass

O o

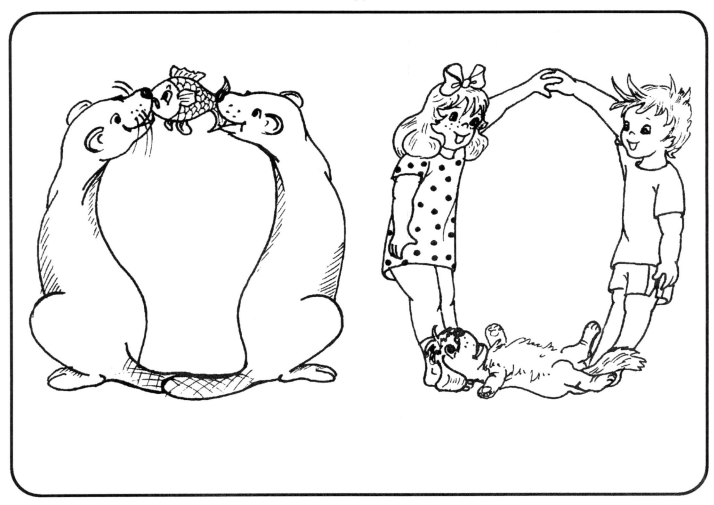

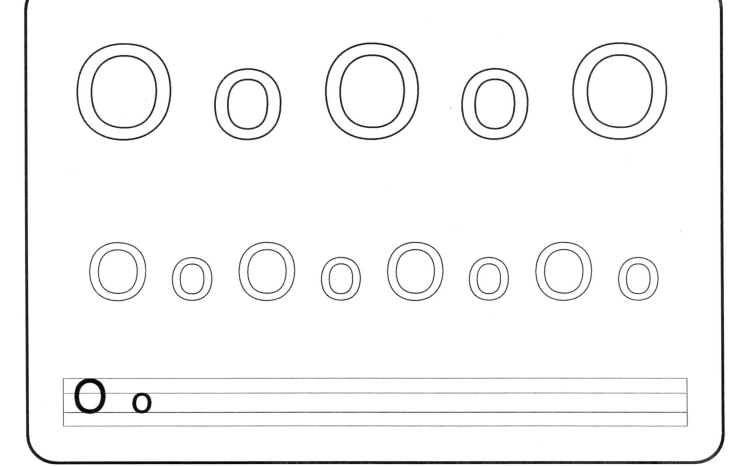

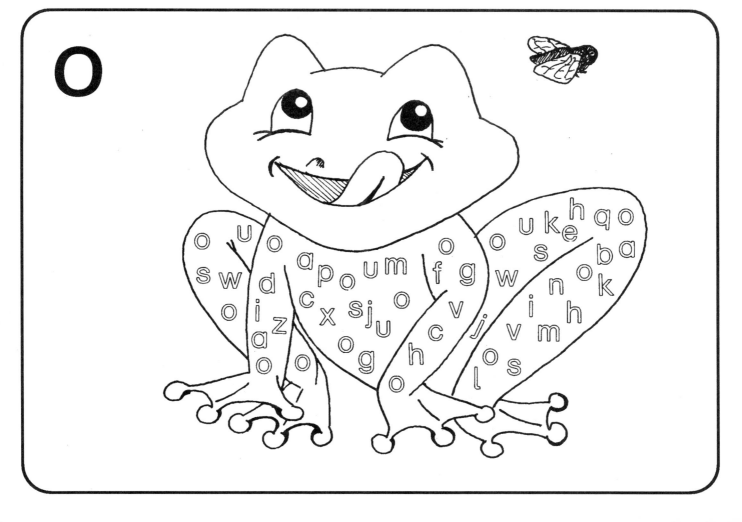

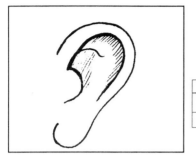

Ohr Ohr Ohr Ohr

Ohr

Oktober Oktober

Oktober

Ort Ort Ort Ort Ort

Ort

Otto Otto Otto Otto

Otto

offen offen offen

offen

P p

P p P p P

P p P p P p P

P p

Pferd Pferd Pferd
Pferd

Puppe Puppe
Puppe

Papa Papa Papa
Papa

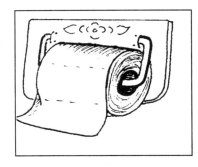
Papier Papier Papier
Papier

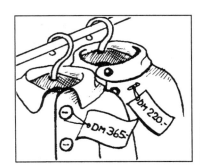
Preis Preis Preis
Preis

Q q

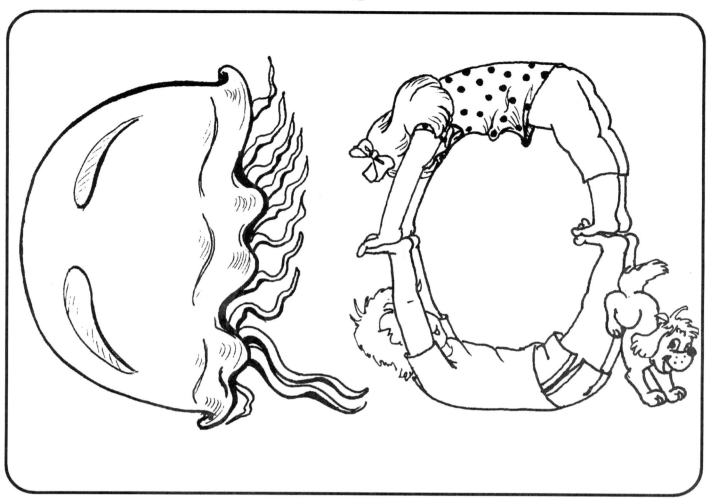
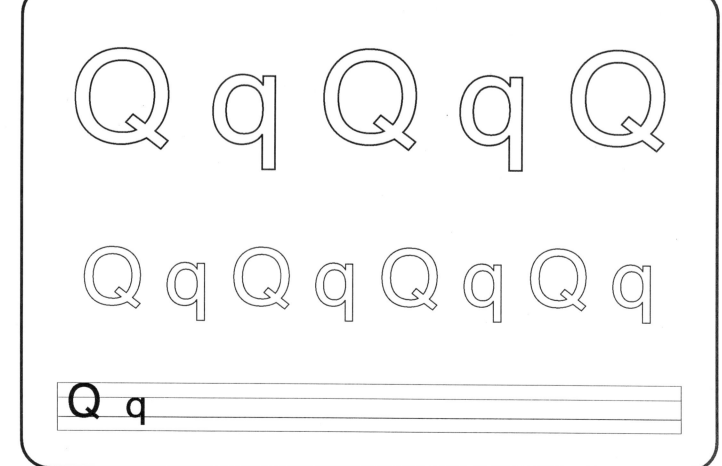

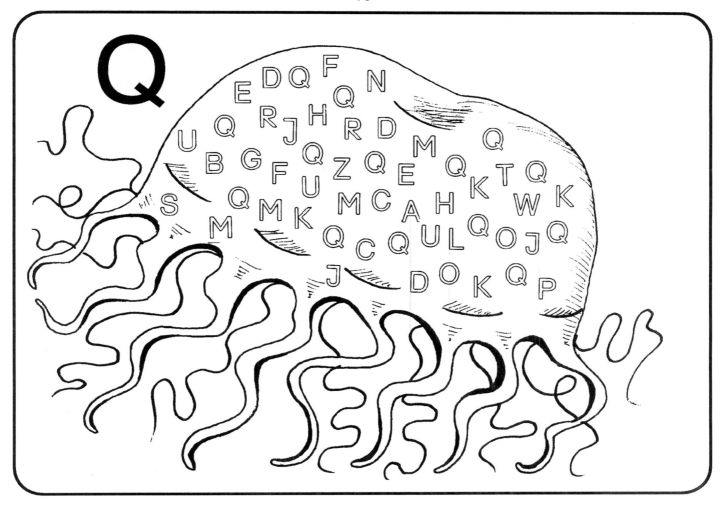
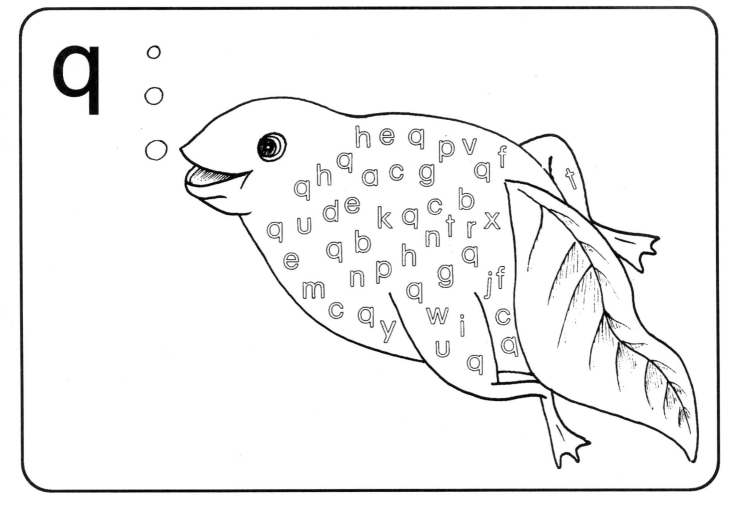

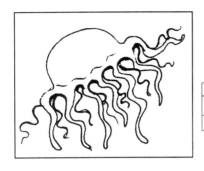
Qualle Qualle
Qualle

Quark Quark Quark
Quark

quaken quaken
quaken

Quelle Quelle Quelle
Quelle

Qualm Qualm Qualm
Quelle

R r

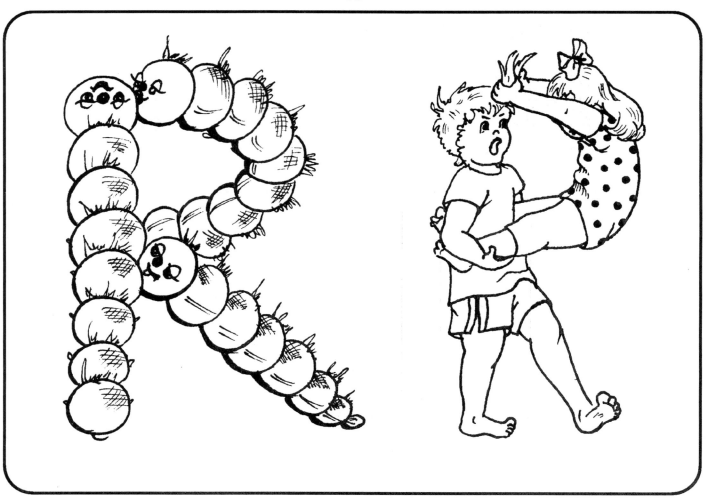

R r R r R

R r R r R r R r R r s

R r

reden reden reden
reden

rot rot rot rot rot rot
rot

reich reich reich
reich

Regen Regen Regen
Regen

Ring Ring Ring Ring
Ring

S s

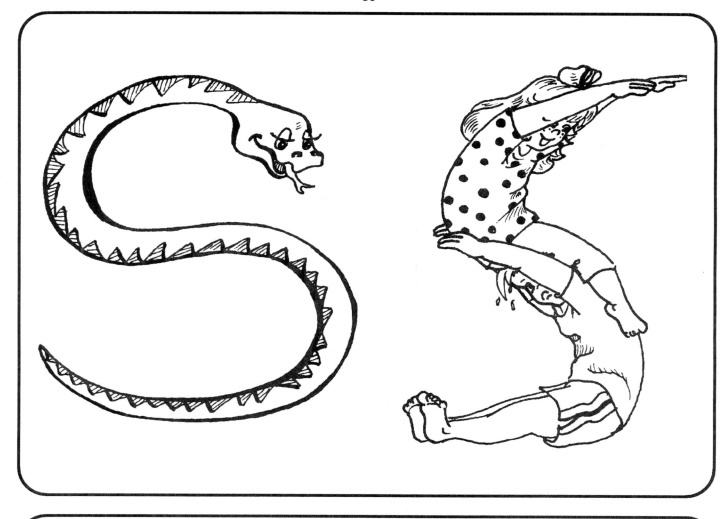

S s

S

s

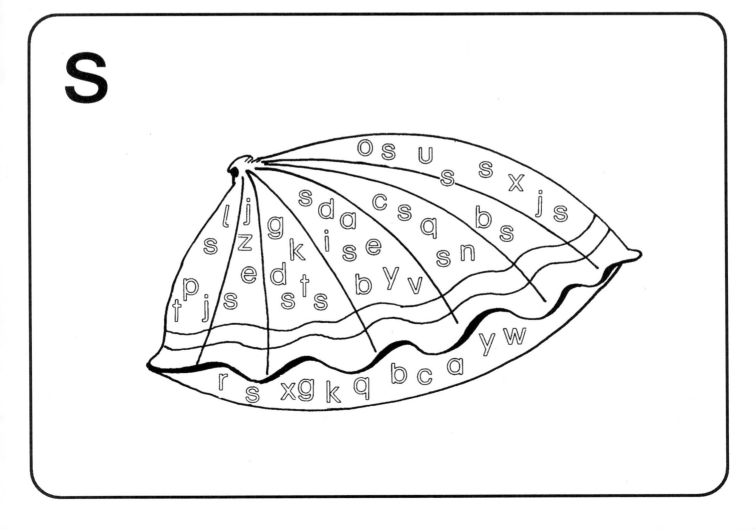

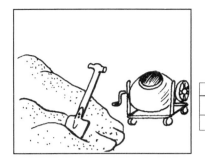
Sand Sand Sand
Sand

Schule Schule
Schule

Sonne Sonne Sonne
Sonne

sitzen sitzen sitzen
sitzen

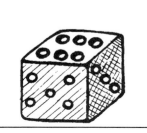
sechs sechs sechs
sechs

T t

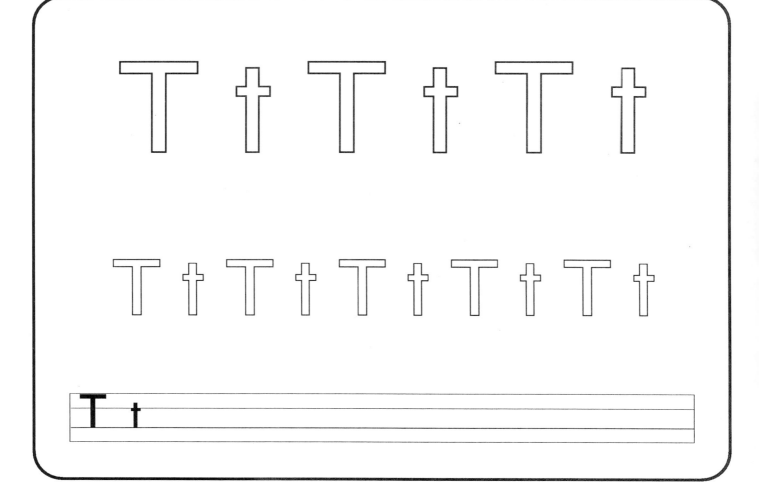

Tag Tag Tag Tag

Tag

Tier Tier Tier Tier

Tier

teilen teilen teilen

teilen

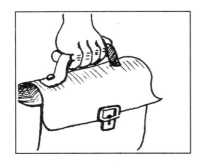

tragen tragen tragen

tragen

trocken trocken

trocken

U U

U u U u U u U u U u
U u U u U u U u U u

U a

Uhr Uhr Uhr Uhr
Uhr

Uhu Uhu Uhu Uhu
Uhu

Ute Ute Ute Ute
Ute

unter unter unter
unter

gut gut gut gut gut
gut

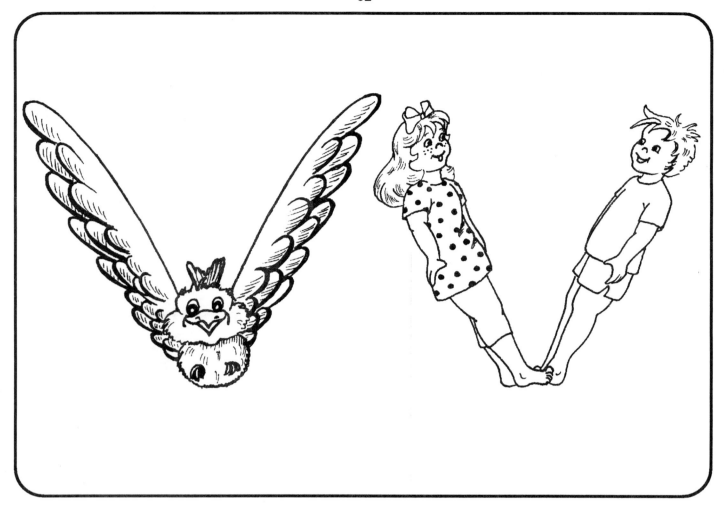

V v V v V v V v

V v V v V v V v V

V v

V

v

Vater Vater Vater
Vater

Vogel Vogel Vogel
Vogel

verlieren verlieren
verlieren

vier vier vier vier
vier

viel viel viel viel viel
viel

W w

W

W

Wald Wald Wald
Wald

Weg Weg Weg Weg
Weg

Wiese Wiese Wiese
Wiese

weinen weinen
weinen

weiß weiß weiß weiß
weiß

X x

X a

Xaver Xaver Xaver

Xaver

Hexe Hexe Hexe

Hexe

Mixer Mixer Mixer

Mixer

Nixe Nixe Nixe

Nixe

boxen boxen boxen

boxen

Y y

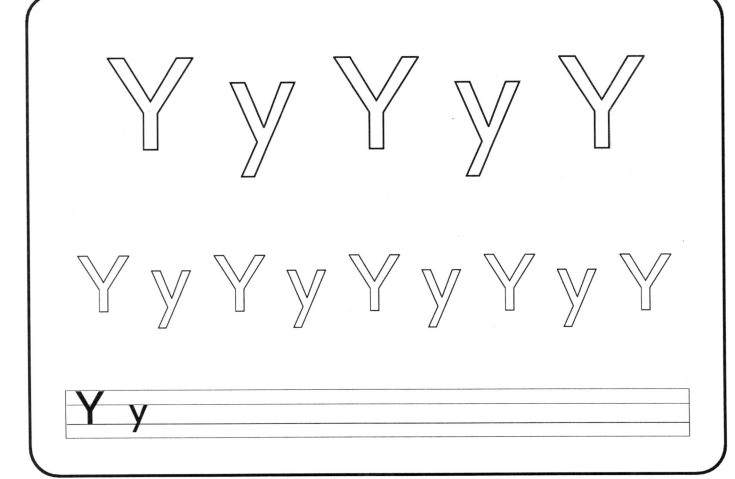

Y

y

Ypsilon Ypsilon
Ypsilon

Bayern Bayern
Bayern

Yacht Yacht Yacht
Yacht

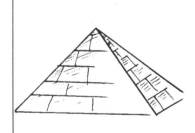
Pyramide Pyramide
Pyramide

Zylinder Zylinder
Zylinder

Z z

ZzZzZ

ZzZzZzZzZ

Z a

Z

z

Zug Zug Zug Zug
Zug

Zeit Zeit Zeit Zeit
Zeit

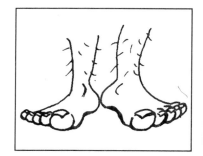

zehn zehn zehn
zehn

zwei zwei zwei zwei
zwei

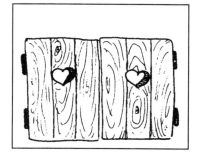

zu zu zu zu zu zu
zu